GIORGIA MELONI

Il viaggio della prima donna Primo Ministro italiana

Willie N. Foster

CONTENUTI

introduzione

Ho incontrato per la prima volta Giorgia Meloni durante un comizio politico a Roma. L'atmosfera era elettrica e tutti erano ansiosi di sentirla parlare. Quando è salita sul palco, la sua presenza è stata immediatamente magnetica. Giorgia Meloni, con la sua voce appassionata e il suo atteggiamento fiducioso, ha catturato l'attenzione del pubblico senza sforzo. Era ovvio che fosse una figura unica in politica.

Giorgia Meloni è incredibilmente importante nella politica italiana. Ha fatto la storia come prima donna Primo Ministro italiano, un risultato rivoluzionario in un paese con forti ruoli di genere tradizionali. La sua ascesa da inizi modesti alla cima della scala politica mostra la sua incredibile forza, duro lavoro e visione.

Meloni è cresciuta in una zona operaia di Roma, cresciuta con la madre single. Questa dura educazione le ha insegnato ad apprezzare il duro lavoro e la tenacia. Queste prime lezioni di vita hanno modellato le sue opinioni e l'hanno motivata a difendere le persone che spesso si sentono trascurate.

Ciò che distingue Giorgia Meloni non è solo il suo successo, ma il modo in cui lo ha ottenuto. Ha co-fondato il partito Fratelli d'Italia nel 2012, che ha rapidamente guadagnato popolarità grazie ai suoi forti valori nazionalistici e tradizionali. Sotto la sua guida, il partito è cresciuto in modo significativo, portandola infine a diventare Primo Ministro nel 2022.

Le idee e i discorsi della Meloni suscitano spesso reazioni forti. Sostiene fortemente l'identità italiana, sostiene politiche di immigrazione più severe e sostiene i valori sociali conservatori. Mentre i suoi critici la trovano divisiva, i suoi sostenitori la vedono come una protettrice della cultura e dei valori italiani.

Ciò che mi ha veramente colpito di Giorgia Meloni è la sua genuinità. In un mondo in cui i politici spesso sembrano provati, parla con una rinfrescante onestà. Che tu sia d'accordo o meno con la sua politica, non puoi ignorare la sua influenza. Giorgia Meloni ha cambiato la politica italiana, sfidando norme di lunga data e ispirando i futuri leader. La sua importanza non risiede solo nei titoli e nei risultati ottenuti, ma nella sua capacità di connettersi con le persone comuni e di lottare per le loro preoccupazioni.

Capitolo 1

Primi anni e infanzia a Roma

La storia di Giorgia Meloni inizia a Roma, dove è nata e cresciuta. Cresciuta nel vivace cuore dell'Italia, Giorgia ha vissuto un'infanzia ordinaria e straordinaria. Roma, con la sua ricca storia e la sua vivace cultura, fece da sfondo ai suoi primi anni, influenzando in modi che avrebbero poi modellato la sua carriera politica.

Giorgia è nata il 15 gennaio 1977. La sua famiglia viveva nel quartiere operaio della Garbatella, luogo noto per la sua comunità affiatata e lo spirito vivace. L'area era un crogiolo di persone e storie diverse, e questa diversità ha giocato un ruolo significativo nell'educazione della Georgia.

La vita alla Garbatella non era facile. I genitori di Giorgia si separarono quando lei era molto piccola, lasciando la madre Anna a crescere da sola lei e la sorella. Anna ha lavorato instancabilmente per provvedere alle sue figlie, spesso assumendo più lavori. Ciò ha instillato in Giorgia un forte senso di resilienza e indipendenza fin dalla tenera età.

Nonostante le sfide, l'infanzia di Giorgia è stata piena di amore e sostegno. Sua madre era una fonte costante di forza, incoraggiando Giorgia e sua sorella a perseguire i loro sogni, nonostante gli ostacoli. La dedizione e il duro lavoro di Anna sono stati una lezione quotidiana di perseveranza per la giovane Giorgia.

La scuola era un altro aspetto importante Giorgia's primi anni di vita. Era una studentessa entusiasta e curiosa, sempre pronta ad apprendere ed esplorare nuove idee. I suoi insegnanti notarono il suo acuto intelletto e la sua forte volontà, sottolineando spesso la sua determinazione e passione. Questi tratti sarebbero diventati tratti distintivi della sua personalità e del suo stile politico negli anni a venire.

Anche il quartiere di Giorgia ha avuto un ruolo cruciale nel plasmare la sua visione del mondo. La Garbatella era un luogo dove tutti si conoscevano e i legami comunitari erano forti. Questo senso di appartenenza e solidarietà ha influenzato profondamente Giorgia, instillando in lei il desiderio di lottare per la sua comunità e di tutelarne i valori.

Fin da piccola Giorgia è stata attratta dalla politica. Accompagna spesso sua madre a riunioni ed eventi locali, dove ascoltava attentamente le discussioni. Queste esperienze hanno acceso una scintilla in lei, alimentando un crescente interesse per il modo in cui funzionavano la società e il governo. Ha iniziato a vedere la politica come un modo per fare davvero la differenza nella vita delle persone, una convinzione che l'avrebbe guidata per tutta la sua carriera.

Durante l'adolescenza la passione di Giorgia per la politica si rafforzò. Si è unita al Fronte della Gioventù, un'organizzazione giovanile politica di destra, dove ha trovato colleghi che la pensavano allo stesso modo e che condividevano il suo entusiasmo e i suoi ideali. Questo è stato il suo primo vero assaggio di attivismo politico e ha solo approfondito il suo impegno nei confronti delle sue convinzioni.

Guardando indietro, l'infanzia di Giorgia a Roma è stata un periodo di apprendimento e crescita. Le sfide che ha dovuto affrontare, le persone che ha incontrato e le esperienze che ha contribuito a plasmare la persona che sarebbe diventata. I suoi primi anni di vita alla Garbatella le hanno insegnato l'importanza della comunità, della resilienza e del duro lavoro; valori che rimangono centrali nella sua identità.

In molti modi, l'infanzia di Giorgia ha posto le basi per il suo futuro. Le lezioni apprese durante quegli anni formativi l'hanno preparata per il mondo complesso ed esigente della politica. Le hanno dato la forza di superare le sfide e la determinazione nel perseguire la sua visione per l'Italia.

1.1 Influenze e dinamiche familiari

I primi anni di Giorgia Meloni sono stati fortemente influenzati dalla sua famiglia e dall'ambiente in cui è cresciuta. Cresciuta a Roma da una madre single, la sua infanzia è stata piena di amore, sfide e lezioni importanti che avrebbero plasmato il suo futuro.

La madre di Giorgia, Anna, ha avuto un ruolo centrale nella sua vita. Dopo che i genitori di Giorgia si separarono quando lei era molto giovane, Anna si assunse la responsabilità di crescere

Giorgia e sua sorella da sola. Non è stato un compito facile, ma la dedizione e il duro lavoro di Anna hanno lasciato un ricordo indelebile in Giorgia. Ha osservato sua madre destreggiarsi tra diversi lavori per sbarcare il lunario, insegnandole il valore della perseveranza e della determinazione.

Anna non era solo un fornitore, era anche un pilastro di sostegno emotivo. Ha incoraggiato Giorgia e sua sorella a seguire i loro sogni e a non arrendersi mai, nonostante le circostanze difficili. Questo supporto costante ha contribuito a rafforzare la fiducia e la determinazione di Giorgia. Le difficoltà che affrontano non fecero altro che rafforzare il loro legame familiare, rendendoli un'unità affiatata che faceva affidamento l'uno sull'altro per ricevere forza e incoraggiamento.

Anche la sorella di Giorgia è stata una figura chiave nella sua vita. Le due sorelle erano molto vicine e condividevano le loro speranze, sogni e preoccupazioni. Questo forte rapporto tra fratelli ha fornito a Giorgia un senso di stabilità e appartenenza, che è stato cruciale durante i suoi anni di formazione.

Anche il quartiere della Garbatella, dove Giorgia è cresciuta, ha avuto su di lei una notevole influenza. Questa zona operaia era piena di persone diverse e aveva un forte spirito comunitario. Giorgia ha imparato l'importanza della comunità e del sostegno reciproco dai suoi vicini. Vedere le persone riunirsi per aiutarsi a vicenda ha lasciato un profondo impatto su di lei, plasmando la sua fede nel potere della solidarietà.

L'interesse di Giorgia per la politica è iniziato presto, grazie al coinvolgimento della madre nelle attività politiche locali. Anna portava spesso Giorgia a riunioni ed eventi, dove ascoltava discussioni su questioni sociali e di governance. Queste esperienze hanno acceso la passione di Giorgia per la politica e le hanno fatto vedere la politica come un modo per realizzare un cambiamento positivo nella sua comunità. Questa precoce esposizione all'attivismo politico è stata cruciale per indirizzare Giorgia sul suo percorso futuro.

L'istruzione è stata un'altra influenza significativa nella vita di Giorgia. Era una studentessa curiosa e laboriosa, sempre desiderosa di imparare cose nuove. I suoi insegnanti hanno riconosciuto il suo potenziale e l'hanno incoraggiata a perseguire i suoi interessi. La scuola ha fornito a Giorgia le conoscenze e le competenze di cui aveva bisogno per comprendere il mondo e immaginare i cambiamenti che voleva apportare.

Man mano che Giorgia cresceva, queste influenze continuavano a plasmare. Le sfide affrontate dalla sua famiglia le hanno insegnato la resilienza, mentre il sostegno di sua madre e sua sorella le hanno dato la sicurezza necessaria per perseguire i suoi obiettivi. Il forte senso di comunità della Garbatella ha alimentato la sua fede nella solidarietà, e il suo precoce contatto con la politica ha alimentato il suo desiderio di fare la differenza.

Le influenze e le dinamiche familiari di Giorgia Meloni sono state cruciali nel plasmare la persona che è oggi. La forza e il duro lavoro di sua madre, il suo stretto rapporto con la sorella, la comunità solidale e il suo precoce interesse per la politica hanno giocato tutti un ruolo vitale. Queste esperienze hanno instillato in lei i valori del duro lavoro, della resilienza e di un profondo impegno per il cambiamento sociale, guidando il suo viaggio fino a diventare la prima donna Primo Ministro italiano.

capitolo 2

La scintilla dell'attivismo

La passione di Giorgia Meloni per la politica si accende durante l'adolescenza. Crescendo a Roma, ha visto le sfide affrontate dalla sua comunità e ha sentito il profondo desiderio di fare la differenza. Ispirata dal coinvolgimento di sua madre nelle attività politiche locali, Giorgia si unì al Fronte della Gioventù, un'organizzazione giovanile politica di destra. Questa precoce esposizione all'attivismo ha alimentato la sua determinazione a lottare per le sue convinzioni e a difendere i sottorappresentati, ponendo le basi per la sua futura carriera politica.

2.1 Anni dell'adolescenza e risveglio politico

L'adolescenza di Giorgia Meloni è stata un periodo di crescita significativa e di scoperta di sé. Vivendo a Roma, era circondata da una città ricca di storia e cultura, ma era profondamente consapevole delle lotte quotidiane affrontate dalla sua comunità. Queste esperienze hanno giocato un ruolo cruciale nel plasmare le sue opinioni politiche e nell'accendere la sua passione per l'attivismo.

Giorgia era un'adolescente brillante e curiosa. Amava leggere e conoscere il mondo che la circondava. I libri sono diventati una finestra su idee e prospettive diverse, alimentando il suo interesse per le questioni sociali e la politica. Era particolarmente attratta dalle storie di persone che hanno lottato per il cambiamento, cosa che l'ha ispirata a pensare a come avrebbe potuto fare la differenza nella sua stessa comunità.

A scuola, Giorgia era nota per la sua mente acuta e le sue opinioni forti. Spesso si impegnava in vivaci dibattiti con i suoi compagni di classe e gli insegnanti, discutendo di attualità e questioni sociali. I suoi insegnanti hanno notato il suo acuto intelletto e la capacità di pensare in modo critico su argomenti complessi. Questa curiosità intellettuale e la volontà di esprimere la sua opinione la distinguevano e lasciavano intendere il suo futuro in politica.

La famiglia di Giorgia ha continuato ad avere un'influenza significativa durante la sua adolescenza. Sua madre, Anna, è rimasta una fonte di forza e ispirazione. Nonostante le sfide finanziarie ed emotive legate all'essere un genitore single, Anna ha sempre sostenuto le ambizioni di Giorgia. Ha incoraggiato Giorgia a seguire le sue passioni e a non esitare mai ad esprimere le sue opinioni. Questo sostegno incrollabile ha dato a Giorgia la sicurezza necessaria per esplorare i suoi interessi più profondamente.

Il clima politico in Italia durante Giorgia's l'adolescenza è stato turbolento. Il paese ha dovuto affrontare difficoltà economiche, disordini sociali e scandali politici. Questi problemi erano spesso argomenti di discussione a casa e nella comunità. Giorgia ascoltava con attenzione queste conversazioni, assorbendo punti di vista diversi e formandosi le proprie opinioni. Le sfide che l'Italia deve affrontare le hanno fatto capire l'importanza di una leadership forte e onesta e la necessità di cambiamento.

Durante l'adolescenza, Giorgia divenne sempre più consapevole delle disparità e delle ingiustizie che la circondavano. Vide come le difficoltà economiche colpivano i suoi vicini e i suoi amici e sentì un crescente senso di responsabilità nel fare qualcosa al riguardo. Questo senso di giustizia sociale ed empatia per gli altri sono diventati una forza trainante nella sua vita.

Giorgia's Anche il coinvolgimento nelle attività della comunità ha avuto un ruolo nel suo risveglio politico. Si è offerta volontaria per eventi e iniziative locali, vedendo in prima persona l'impatto degli sforzi di base. Queste esperienze le hanno insegnato il potere dell'azione comunitaria e l'importanza di essere un partecipante attivo nella società. Hanno anche rafforzato la sua convinzione che tutti, indipendentemente dal loro background, meritano una giusta possibilità nella vita.

Durante questo periodo Giorgia iniziò a prestare maggiore attenzione ai leader politici e alle loro politiche. Guardava i notiziari, leggeva i giornali e seguiva i dibattiti politici. Ammirava i leader che parlavano con passione della loro visione del Paese e difendevano le loro convinzioni, anche di fronte all'opposizione. Queste figure sono servite da modelli, ispirando Giorgia a considerare come avrebbe potuto contribuire a plasmare il futuro dell'Italia.

Gli anni dell'adolescenza di Giorgia non furono privi di difficoltà. Trovare un equilibrio tra scuola, responsabilità familiari e il suo crescente interesse per la politica è stato impegnativo. Tuttavia, queste difficoltà non fecero altro che rafforzare la sua determinazione. Ha imparato a gestire il suo tempo in modo efficace e a dare priorità ai suoi obiettivi, abilità che le sarebbero state utili nella sua carriera successiva.

L'adolescenza di Giorgia Meloni è stata un periodo di significativa crescita personale e intellettuale. Circondata dal ricco patrimonio culturale di Roma e dalle sfide che la sua comunità deve affrontare, ha sviluppato un profondo interesse per le questioni sociali e politiche. Il sostegno della sua famiglia, combinato con le sue esperienze a scuola e nella comunità più ampia, hanno alimentato il suo desiderio di fare la differenza. Questi anni formativi gettarono le basi per il suo futuro attivismo, avviandosi sulla strada per diventare una figura politica di spicco in Italia.

2.2 Adesione ai movimenti giovanili

Il percorso politico di Giorgia Meloni ha preso una svolta cruciale durante l'adolescenza, quando ha aderito ai movimenti giovanili. Questa decisione ha giocato un ruolo cruciale nel plasmare la sua carriera politica e nell'approfondire la sua comprensione dell'attivismo e della leadership.

A soli 15 anni Giorgia entra a far parte del Fronte della Gioventù, l'ala giovanile del Movimento Sociale Italiano. Questo era un luogo in cui i giovani si riunivano per discutere idee politiche, organizzare eventi e spingere per il cambiamento. Per Giorgia si trattava di una comunità di persone appassionate che condividevano il suo entusiasmo per la politica e le questioni sociali.

Far parte del Fronte dei Giovani è stata un'esperienza che ha cambiato la vita per Giorgia. È passata dalla semplice osservazione della politica alla partecipazione attiva ad essa. Ha partecipato a riunioni, ha preso parte a manifestazioni e ha preso parte alle discussioni sul futuro dell'Italia. Queste attività le hanno dato esperienza pratica nell'organizzazione e nell'attivismo politico.

La prima cosa che Giorgia notò del Fronte della Gioventù fu il senso di cameratismo. I membri erano guidati e uniti da un obiettivo comune per migliorare il proprio Paese. Questa atmosfera di sostegno l'ha incoraggiata ad esprimere le sue opinioni e idee con fiducia. Divenne rapidamente nota per i suoi discorsi avvincenti e le sue argomentazioni persuasive, guadagnandosi il rispetto dei suoi colleghi.

Il suo coinvolgimento nel Fronte della Gioventù l'ha introdotta anche alla realtà della vita politica. Ha imparato l'importanza della strategia, della comunicazione e della perseveranza. L'organizzazione di eventi e manifestazioni richiede un'attenta pianificazione e coordinamento. Giorgia spesso rimaneva alzata fino a tardi, lavorando a discorsi o pianificando riunioni. Queste esperienze le hanno insegnato il valore del duro lavoro e della dedizione, tratti che avrebbero definito la sua carriera politica.

Attraverso il Fronte della Gioventù, Giorgia cominciò a cogliere la complessità delle ideologie politiche. L'organizzazione aveva una serie chiara di principi e convinzioni che ha studiato a fondo. Partecipare a dibattiti e discussioni l'ha aiutata ad affinare le proprie opinioni politiche. Questa esplorazione intellettuale le ha dato una comprensione più profonda della politica e ha affinato la sua capacità di comunicare le sue idee.

La dedizione di Giorgia non è passata inosservata. Ha rapidamente scalato i ranghi del Fronte della Gioventù, assumendo ruoli e responsabilità di leadership. I suoi colleghi ammiravano il suo impegno e la sua determinazione, rendendola una figura chiave nell'organizzazione. Come leader, Giorgia era nota per ispirare e motivare gli altri. Aveva un talento nel riunire le persone e nel promuovere un senso di unità e scopo.

Uno degli aspetti più significativi di Giorgia's il tempo trascorso nel Fronte della Gioventù è stato connetterti con la sua comunità. Lei e i suoi colleghi organizzano spesso eventi e iniziative per affrontare le questioni locali. Queste attività hanno permesso a Giorgia di interagire con persone provenienti da contesti diversi e di comprendere le loro preoccupazioni. Questo impegno dal basso ha rafforzato la sua fiducia nel potere dell'azione comunitaria e nell'importanza di ascoltare i cittadini comuni.

L'esperienza con il Fronte della Gioventù ha gettato solide basi per Giorgia's futura carriera politica. Le ha fornito le competenze, le conoscenze e la fiducia necessarie per navigare nel mondo politico. Ancora più importante, ha instillato in lei un profondo senso di responsabilità nei confronti della sua comunità e del suo paese.

L'adesione ai movimenti giovanili è stato un momento fondamentale nella vita di Giorgia Meloni. Ha segnato l'inizio del suo coinvolgimento politico attivo e l'ha avviata sulla strada per diventare un leader di spicco. Il Fronte della Gioventù le ha dato preziose esperienze e lezioni che l'hanno trasformata nella politica impegnata e motivata che è oggi. Attraverso questo viaggio, Giorgia ha scoperto la sua passione per l'attivismo e il suo impegno nel fare la differenza, qualità che continuano a definire la sua carriera.

capitolo 3

Scalare i ranghi

L'impegno e il duro lavoro di Giorgia Meloni nel Fronte della Gioventù hanno presto dato i loro frutti. Il suo talento per la leadership e i suoi discorsi appassionati la distinguevano e presto iniziò a scalare i ranghi dell'organizzazione. Questo capitolo esplora come le crescenti responsabilità e influenza di Giorgia all'interno del Fronte della Gioventù l'hanno preparata per un ruolo più ampio nella politica italiana. Mette in risalto i suoi primi successi e le capacità che ha sviluppato che avrebbero poi definito la sua carriera come leader politico di spicco.

3.1 Inizio carriera politica

Gli inizi della carriera politica di Giorgia Meloni sono una testimonianza della sua dedizione, del suo duro lavoro e della sua fiducia nella sua capacità di creare un cambiamento positivo. Il suo viaggio dal Fronte della Gioventù alla scena politica più ampia è stato segnato da risultati significativi che hanno gettato le basi per la sua ascesa nella politica italiana.

L'ingresso formale di Giorgia in politica è iniziato poco più che ventenne. Nel 1996, a soli 19 anni, viene eletta consigliera della Provincia di Roma. Questo è stato un risultato notevole per qualcuno così giovane. Giorgia aveva un talento naturale per la leadership ed era profondamente impegnata nella sua comunità. In qualità di consigliere, si è concentrata su questioni che toccano la gente comune, come l'istruzione, i servizi pubblici e lo sviluppo locale. La sua capacità di entrare in contatto con i suoi elettori e comprendere i loro bisogni l'ha resa rapidamente una figura rispettata.

Il suo impegno e la sua passione non sono passati inosservati. Nel 1998 Giorgia è stata eletta nel direttivo nazionale di Alleanza Nazionale, diventando una delle più giovani ad aver ricoperto questo incarico. L'Alleanza Nazionale era un partito conservatore e il suo ruolo all'interno del comitato esecutivo le ha fornito una preziosa esperienza e conoscenza della politica nazionale. Le ha anche fornito una piattaforma per sostenere le questioni in cui credeva.

Nel 2006, Giorgia's La sua carriera politica fece un ulteriore balzo in avanti quando fu eletta alla Camera dei Deputati italiana. A soli 29 anni era uno dei deputati più giovani al Parlamento. Questo nuovo ruolo è stato sia stimolante che entusiasmante per Giorgia. Ora faceva parte dell'organo legislativo nazionale, dove poteva influenzare leggi e politiche su scala molto più ampia.

Come membro del Parlamento, Giorgia ha continuato a sostenere cause per lei importanti. Si è concentrata sulle questioni giovanili, sulle politiche sociali e sul sostegno alle piccole imprese. I suoi discorsi in Parlamento erano noti per la sua passione e chiarezza e si guadagnò rapidamente la reputazione di politica determinata ed eloquente.

Nel 2008 Giorgia raggiunge un'altra pietra miliare nella sua carriera politica. È stata nominata Ministro della Gioventù nel governo di Silvio Berlusconi, diventando il ministro più giovane della storia italiana. Questo ruolo le ha permesso di influenzare direttamente le politiche che riguardano i giovani in tutta Italia. Ha lavorato su iniziative per migliorare l'istruzione, aumentare le opportunità di lavoro per i giovani e sostenere i giovani imprenditori. Il mandato di Giorgia come Ministro della Gioventù è stato caratterizzato dal suo approccio pratico e dal suo impegno nell'ascoltare la voce dei giovani italiani.

Nonostante i suoi numerosi successi, Giorgia's gli inizi della sua carriera politica non furono privi di sfide. Da giovane donna in un campo dominato dagli uomini, spesso ha dovuto mettersi alla prova più dei suoi coetanei. Tuttavia, la resilienza e la determinazione di Giorgia l'hanno aiutata a superare questi ostacoli. Rimase concentrata sui suoi obiettivi e continuò a lavorare instancabilmente per i suoi elettori.

Giorgia's agli inizi della sua carriera politica gettarono solide basi per il suo futuro. Le esperienze e le competenze maturate in questi anni sono state preziose. Ha imparato l'importanza di ascoltare le persone, comprendere i loro bisogni e lottare per i loro diritti. Queste lezioni l'avrebbero guidata durante tutto il suo viaggio politico.

Gli inizi della carriera politica di Giorgia Meloni sono una storia di dedizione, duro lavoro e profondo impegno per fare la differenza. Dall'inizio come giovane consigliera fino a diventare il ministro più giovane d'Italia, il viaggio di Giorgia è segnato da risultati significativi e da una profonda dedizione alla sua comunità. I suoi primi anni in politica hanno posto le basi per la sua ascesa come leader di spicco, trasformandola nella figura determinata e influente che è oggi.

Durante questi anni formativi, Giorgia ha dimostrato un impegno incrollabile nei confronti dei suoi ideali e dei suoi elettori. La sua capacità di destreggiarsi nel complesso mondo della politica, pur rimanendo fedele ai suoi principi, le è valsa rispetto e ammirazione. Queste prime esperienze non solo consolidarono il suo posto nella politica italiana, ma la prepararono anche per le sfide e le opportunità che le si prospettavano. Attraverso il duro lavoro, la resilienza e una genuina passione per il servizio pubblico, Giorgia Meloni è emersa come una voce potente per la sua comunità e una forza di cambiamento nella politica italiana.

3.2 Fratelli Fondatori d'Italia

La fondazione da parte di Giorgia Meloni del partito politico Fratelli d'Italia (Fratelli d'Italia) è un capitolo significativo nella sua carriera e nella politica italiana. Ha segnato un nuovo inizio per lei e un passo coraggioso verso la creazione di una piattaforma che riflettesse la sua visione e i suoi valori.

Nel 2012, dopo anni di esperienza politica, Giorgia ha visto la necessità di una nuova forza politica che potesse affrontare le sfide che l'Italia si trova ad affrontare. Lei, insieme ad alcuni colleghi che la pensano allo stesso modo, ha deciso di creare un partito che difendesse l'orgoglio nazionale, la sovranità e i valori tradizionali. Ciò portò alla nascita dei Fratelli d'Italia.

Giorgia era motivata dal desiderio di dare voce a coloro che si sentivano sotto rappresentati dai partiti politici esistenti. Credeva che molti italiani fossero frustrati dallo status quo e cercassero leader che potessero offrire soluzioni reali ai loro problemi. Il nome "Fratelli d'Italia" è stato scelto per evocare un senso di unità e patriottismo, riflettendo l'impegno del partito nei confronti della nazione.

Gli inizi di Fratelli d'Italia furono impegnativi. Avviare un nuovo partito politico ha richiesto molto lavoro, dedizione e risorse. Giorgia e il suo team hanno dovuto costruire il partito da zero, il che ha comportato l'organizzazione di eventi, il reclutamento di membri e la diffusione del loro messaggio in tutto il Paese. Nonostante queste sfide, la passione e la determinazione di Giorgia hanno mantenuto lo slancio.

Uno dei principi chiave di Fratelli d'Italia era l'enfasi sulla sovranità nazionale. Giorgia e il suo partito credevano che l'Italia dovesse avere un maggiore controllo sui propri affari, soprattutto in settori come l'immigrazione, la politica economica e la sicurezza. Sostenevano che le decisioni che riguardano gli italiani dovrebbero essere prese in Italia, non da enti esterni.

Giorgia si è concentrata anche sui valori tradizionali, sostenendo politiche che sostenessero le famiglie, protegge il patrimonio culturale e promuovessero l'orgoglio nazionale.

Credeva che un forte senso di identità e comunità fosse essenziale per la prosperità e il benessere del Paese. Queste idee trovarono risonanza in molti italiani che si sentivano disconnessi dall'approccio più globalizzato e burocratico di altri partiti politici.

Per entrare in contatto con gli elettori, Giorgia ha viaggiato molto in tutta Italia, parlando a comizi, municipi e incontri comunitari. Ha ascoltato le preoccupazioni delle persone e ha condiviso la sua visione del Paese. La sua capacità di comunicare in modo chiaro e appassionato ha contribuito a costruire una base fedele di sostenitori. Il carisma e l'autenticità di Giorgia l'hanno resa una figura riconoscibile e stimolante.

Il primo grande test del partito è avvenuto durante le elezioni generali del 2013. Anche se Fratelli d'Italia non ha ottenuto un numero significativo di seggi, i risultati sono stati promettenti per un nuovo partito. La leadership di Giorgia e il chiaro messaggio del partito li hanno aiutati a lasciare un segno nel panorama politico. Questo successo iniziale ha fornito le basi per la crescita futura.

Negli anni successivi Fratelli d'Italia continuò a rafforzare la propria presenza nella politica italiana. La leadership di Giorgia è stata centrale in questa crescita. Rimase fedele ai principi del partito e lavorò instancabilmente per espandere la sua influenza. I suoi sforzi furono ripagati, poiché il partito ottenne costantemente sostegno nelle elezioni successive.

La fondazione di Fratelli d'Italia è stata un momento cruciale nella carriera di Giorgia Meloni. Rappresentava la sua visione di una nuova forza politica che potesse rispondere ai bisogni e alle preoccupazioni degli italiani comuni. Attraverso il duro lavoro, la dedizione e una serie di principi chiari, Giorgia e il suo partito si sono affermati come una presenza significativa nella politica italiana. Il viaggio non è stato facile, ma la determinazione e la leadership di Giorgia sono state determinanti per il successo del partito. La storia di Fratelli d'Italia è una testimonianza della forza della convinzione e dell'importanza di restare fedeli ai propri valori.

capitolo 4

Una donna in un mondo di uomini

Il percorso di Giorgia Meloni in politica non è stato facile, soprattutto come donna in un campo dominato dagli uomini. Questo capitolo approfondisce le sue sfide e i suoi trionfi mentre navigava nelle acque agitate della politica italiana. Giorgia ha dovuto costantemente mettersi alla prova, affrontando scetticismo e resistenze. Nonostante questi ostacoli, la sua determinazione, intelligenza e passione l'hanno aiutata a superare gli ostacoli. Questo capitolo esplora il modo in cui la resilienza e la dedizione di Giorgia hanno modellato la sua carriera e aperto la strada a future donne leader in Italia.

4.1 Sfide e trionfi

Il viaggio di Giorgia Meloni nel mondo politico è stato pieno di sfide e di trionfi. Come donna in un ambito prevalentemente maschile, ha affrontato numerosi ostacoli ma ha anche ottenuto successi significativi che hanno plasmato la sua carriera e il panorama della politica italiana.

Giorgia sapeva fin dall'inizio che entrare in politica da donna non sarebbe stato facile. Si ritrova spesso in stanze piene di uomini che erano scettici sulle sue capacità. Molti dubitavano che una giovane donna potesse avere lo stesso livello di intuizione, dedizione e leadership dei suoi colleghi maschi. Giorgia, però, era decisa a smentirli. Credeva nella sua visione e nella sua capacità di fare la differenza.

Una delle prime sfide che Giorgia ha dovuto affrontare è stata guadagnarsi il rispetto dei suoi coetanei. Ha dovuto lavorare il doppio per essere presa sul serio. Negli incontri e nelle discussioni, si assicurava di essere ben preparata, competente e articolata. I suoi discorsi forti e le sue argomentazioni chiare iniziarono a guadagnare il riconoscimento.

Nonostante lo scetticismo iniziale, la dedizione e il duro lavoro di Giorgia le hanno gradualmente conquistato il rispetto di molti colleghi.

Un'altra sfida è stata la rappresentazione mediatica di lei come donna in politica. Spesso l'attenzione era rivolta al suo aspetto piuttosto che alle sue politiche o ai suoi risultati. Questo tipo di esame può essere scoraggiante, ma Giorgia si è rifiutata di lasciarsi scoraggiare. Ha continuato a concentrarsi sul suo lavoro e a lasciare che le sue azioni parlassero da sole. Nel corso del tempo, i suoi successi hanno oscurato le critiche superficiali.

L'ascesa di Giorgia alla leadership del Fronte della Gioventù e poi di Alleanza Nazionale non è stata priva di ostacoli. Ha dovuto affrontare la politica interna e dimostrare di essere in grado di gestire ruoli di leadership. Il suo successo in questi ruoli è stato una testimonianza della sua resilienza e capacità. Ha dimostrato di poter non solo partecipare ma anche guidare in modo efficace.

COME Giorgia's La sua carriera politica è progredita, ha dovuto affrontare la sfida di trovare un equilibrio tra la sua vita professionale e quella personale. La politica è esigente e le lunghe ore di lavoro e la pressione costante possono essere travolgenti. Giorgia ha dovuto trovare il modo di gestire le sue responsabilità pur mantenendo la sua vita personale. Questo equilibrio era difficile, ma è riuscita a riuscirci attraverso la disciplina, il sostegno dei propri cari e un forte impegno verso i suoi obiettivi.

Nonostante queste sfide, Giorgia ha ottenuto trionfi significativi. La sua elezione alla Camera dei Deputati italiana è stata una pietra miliare.

Essendo uno dei membri più giovani del Parlamento, ha portato una nuova prospettiva all'organo legislativo. La sua capacità di connettersi con gli elettori più giovani e di affrontare le loro preoccupazioni la distingue. Questo è stato un trionfo non solo per Giorgia ma anche per la rappresentanza dei giovani nella politica italiana.

Uno di Giorgia's Il trionfo più significativo è stata la sua nomina a Ministro della Gioventù. Questa posizione le ha permesso di influenzare le politiche che hanno interessato direttamente i giovani in tutta Italia. Ha lavorato instancabilmente per migliorare l'istruzione, creare opportunità di lavoro e sostenere i giovani imprenditori. Il suo approccio pratico e la sua genuina preoccupazione per le questioni giovanili hanno fatto davvero la differenza. Questo ruolo ha consolidato la sua reputazione di leader dedicato ed efficace.

La fondazione di Fratelli d'Italia fu un altro grande trionfo. Fondare un nuovo partito politico non è un'impresa da poco, ma la visione e la leadership di Giorgia lo hanno reso possibile. Ha creato una piattaforma che ha avuto risonanza con molti italiani che si sentivano sottorappresentati. La crescita e il successo del partito testimoniano la sua capacità di ispirare e mobilitare le persone.

La carriera politica di Giorgia Meloni è segnalata sia da sfide che da trionfi. Ha dovuto affrontare lo scetticismo, il controllo dei media e le esigenze di trovare un equilibrio tra la sua vita personale e professionale. Eppure, grazie alla resilienza, al duro lavoro e alla forte fiducia nella sua visione, riesce a superare questi ostacoli. I suoi successi, dal diventare un rispettato membro del Parlamento alla fondazione di Fratelli d'Italia, evidenziano la sua dedizione e capacità. Il viaggio di Giorgia è un esempio stimolante di come la determinazione e l'impegno possano portare a risultati significativi, anche di fronte alle avversità.

4.2 Rompere le barriere di genere nella politica italiana

Il percorso politico di Giorgia Meloni è un potente esempio di come lei abbia infranto le barriere di genere e cambiato lo status quo nella politica italiana. In un campo a lungo dominato dagli uomini, ha dovuto affrontare molti ostacoli ma è riuscita a ritagliarsi uno spazio significativo e aprire la strada ad altre donne.

Giorgia ha capito fin da subito che essere donna in politica sarebbe stata dura. La scena politica in Italia, come in molti paesi, era controllata principalmente da uomini. Le donne spesso si ritrovano ignorate le loro opinioni e i loro ruoli minimizzati. Ma Giorgia era determinata a cambiare questa situazione. Credeva che le donne avessero tanto da offrire quanto gli uomini ed era pronta a dimostrarlo.

Una delle prime sfide che Giorgia ha dovuto superare è stata la percezione che le persone avevano delle donne in politica. Molti dubitavano che una giovane donna potesse gestire le pressioni e le responsabilità di una carriera politica. Giorgia si è confrontata direttamente con questo scetticismo. Ha lavorato molto duramente per mostrare le sue conoscenze, abilità e dedizione. Negli incontri e nei dibattiti si è sempre dimostrata preparata e chiara, dimostrando a tutti di essere una seria contendente.

Il suo progresso attraverso il Fronte della Gioventù e l'Alleanza Nazionale è stato un significativo passo avanti. Giorgia divenne uno dei membri più giovani dell'Esecutivo Nazionale, collocandola in una posizione influente. Il suo successo in questi ruoli è stata la prova della sua leadership e capacità di ispirare gli altri. Questi risultati non sono stati solo vittorie personali ma anche progressi per le donne nella politica italiana.

La rappresentazione mediatica è stata un altro grosso ostacolo. Le donne in politica spesso devono affrontare un controllo eccessivo sul loro aspetto e sulla loro vita personale, che distrae dai loro risultati professionali. Giorgia lo ha sperimentato ma non si è lasciata fermare. È rimasta concentrata sul suo lavoro e ha sfruttato ogni opportunità per evidenziare le sue politiche e idee. Nel corso del tempo, i suoi successi iniziarono a parlare più forte delle critiche superficiali, guadagnandosi rispetto e riconoscimento.

COME Giorgia's La sua carriera politica avanzò, continuò ad aprire nuovi orizzonti. La sua elezione alla Camera dei Deputati italiana a 29 anni è stata una pietra miliare. È stato uno dei membri più giovani del Parlamento e ha apportato una nuova prospettiva all'organo legislativo. La sua capacità di connettersi con gli elettori più giovani e di affrontare le loro preoccupazioni l'ha fatta risaltare. La sua elezione ha inviato un messaggio chiaro: le donne, indipendentemente dalla loro età, possono avere successo in politica.

Nel 2008 Giorgia diventa Ministro della Gioventù, un risultato rivoluzionario. Essendo il ministro più giovane della storia italiana, ha avuto la possibilità di plasmare le politiche per i giovani a livello nazionale. Il suo approccio pratico e il suo genuino interesse per le questioni giovanili hanno avuto un impatto reale. Questo ruolo non solo ha consolidato la sua reputazione di leader devota, ma ha anche ispirato altre donne in politica.

La fondazione di Fratelli d'Italia nel 2012 è stata un'altra mossa coraggiosa che ha infranto le barriere di genere. Fondare un nuovo partito politico è una sfida enorme, ma la visione e la leadership di Giorgia l'hanno resa possibile. Ha creato una piattaforma a cui si sono collegati molti italiani, dimostrando che le donne possono guidare e avere successo ai più alti livelli politici.

La carriera di Giorgia Meloni è un potente esempio di rottura delle barriere di genere nella politica italiana. Attraverso il duro lavoro, la determinazione e una forte fiducia nelle sue capacità, ha superato lo scetticismo e la discriminazione. I suoi successi hanno aperto le porte ad altre donne, dimostrando che possono ottenere grandi risultati in politica. Giorgia's Journey è una storia stimolante di resilienza ed empowerment, che dimostra che il genere non dovrebbe mai limitare la leadership e il successo.

Capitolo 5

La strada verso la leadership

Il viaggio di Giorgia Meloni verso la leadership è stato un percorso pieno di duro lavoro, determinazione e visione incrollabile. Questo capitolo esplora il modo in cui Giorgia ha navigato nel complesso mondo della politica italiana per diventare una leader di spicco. Dai suoi esordi nella politica locale fino alla sua ascesa sulla scena nazionale, Giorgia ha affrontato numerose sfide e ha preso decisioni strategiche che hanno plasmato la sua carriera. La sua storia è fatta di resilienza e passione, e dimostra la sua dedizione al suo paese e il suo impegno nel fare la differenza.

5.1 Politiche chiave e ideologie politiche

Il percorso politico di Giorgia Meloni è profondamente radicato nelle sue politiche chiave e nelle sue ideologie politiche, che si sono costantemente concentrate sulla sovranità nazionale, sui valori tradizionali e sulla riforma economica. Questi principi hanno plasmato la sua carriera e definito il suo stile di leadership.

Uno di Giorgia's Il nostro credo fondamentale risiede nell'importanza della sovranità nazionale. Crede fermamente che l'Italia dovrebbe avere il controllo sui propri affari, senza indebite influenze da parte di entità esterne come l'Unione Europea. Questa convinzione nasce dal desiderio di proteggere gli interessi dell'Italia e garantire che le decisioni che riguardano il Paese siano prese dagli italiani. Giorgia sostiene che fare eccessivo affidamento su influenze esterne può minare la capacità dell'Italia di governarsi in modo efficace. Ha espresso apertamente la sua posizione sull'immigrazione, sostenendo controlli alle frontiere più severi e politiche che diano priorità al benessere e alla sicurezza dei cittadini italiani.

Un altro aspetto significativo di Giorgia's l'ideologia politica è la sua enfasi sui valori tradizionali. Crede nell'importanza della famiglia, del patrimonio culturale e dell'orgoglio nazionale. Giorgia parla spesso della necessità di preservare l'identità culturale e i valori dell'Italia in un mondo in rapido cambiamento. Sostiene politiche a sostegno delle famiglie, come agevolazioni fiscali per i genitori, migliori congedi di maternità e paternità e programmi che aiutino le giovani coppie a creare una famiglia. Giorgia crede che le famiglie forti siano il fondamento di una società sana e che sostenere sia fondamentale per il futuro dell'Italia.

Giorgia è nota anche per la sua attenzione alla riforma economica. Sostiene che l'economia italiana ha bisogno di cambiamenti significativi per diventare più competitiva e sostenibile. Le sue politiche economiche enfatizzano la riduzione della burocrazia, l'abbassamento delle tasse e il sostegno alle piccole e medie imprese. Giorgia ritiene che creando un ambiente più favorevole alle imprese, l'Italia possa stimolare la crescita, creare posti di lavoro e aumentare la prosperità per tutti i suoi cittadini. Spesso sottolinea le difficoltà dei piccoli imprenditori e dei piccoli imprenditori, sostenendo che sono la spina dorsale dell'economia italiana e meritano maggiore sostegno.

Anche le politiche dell'istruzione e della gioventù sono centrali Giorgia's piattaforma politica. Ha costantemente sostenuto le riforme del sistema educativo per preparare meglio i giovani italiani al futuro. Giorgia ritiene che l'istruzione sia la chiave per sbloccare opportunità e che il sistema attuale debba essere più flessibile e allineato alle esigenze del mercato del lavoro. Sostiene programmi di formazione professionale, migliori finanziamenti per le scuole e iniziative che collegano l'istruzione con le opportunità di lavoro. L'esperienza di Giorgia come Ministro della Gioventù le ha dato una profonda comprensione delle sfide che i giovani devono affrontare, e lei usa questa conoscenza per modellare le sue politiche.

Giorgia's le ideologie politiche includono anche una forte posizione sulla legge e sull'ordine. Ritiene che un ambiente sicuro e protetto sia essenziale per il benessere dei cittadini e la prosperità del Paese. Giorgia sostiene sanzioni più severe per i crimini, un migliore sostegno alle forze dell'ordine e misure per combattere la criminalità organizzata. Sostiene che è necessario un sistema legale forte per proteggere i cittadini e mantenere l'ordine sociale.

Nel corso della sua carriera, Giorgia è rimasta fedele a questi principi fondamentali. I suoi discorsi e le sue politiche riflettono costantemente la sua fede nella sovranità nazionale, nei valori tradizionali, nella riforma economica, nell'istruzione, nella legge e nell'ordine. Questa coerenza le è valsa un seguito fedele e l'ha affermata come una figura di spicco nella politica italiana.

Le politiche chiave e le ideologie politiche di Giorgia Meloni sono state fondamentali per la sua carriera e leadership. La sua attenzione alla sovranità nazionale, ai valori tradizionali, alla riforma economica, all'istruzione, alla legge e all'ordine definisce il suo approccio alla politica. L'impegno di Giorgia verso questi principi, nonostante le sfide che ha dovuto affrontare, l'ha resa un leader significativo e influente in Italia. La sua storia è fatta di dedizione e resilienza, e dimostra come convinzioni salde e duro lavoro possano portare cambiamenti significativi nel panorama politico.

5.2 Guadagnare slancio e sostegno pubblico

Il viaggio di Giorgia Meloni per guadagnare slancio e sostegno pubblico è una storia di duro lavoro, pensiero strategico e un forte legame con il popolo italiano. La sua popolarità non è arrivata dall'oggi al domani, ci sono voluti anni di dedizione, tenacia e una visione chiara per il futuro dell'Italia.

Fin dall'inizio della sua carriera politica, Giorgia ha capito l'importanza di entrare in contatto con le persone. Ha viaggiato in tutta Italia, incontrando cittadini in vari paesi e città, ascoltando le loro preoccupazioni e comprendendo i loro bisogni. Questo approccio dal basso l'ha aiutata a costruire una solida base di sostegno. Giorgia credeva che per essere una leader efficace, avesse bisogno di rimanere in contatto con la vita quotidiana delle persone che intendeva rappresentare.

La capacità di Giorgia di comunicare in modo efficace è stata un fattore chiave per ottenere il sostegno del pubblico. Ha un talento nel parlare in modo chiaro e diretto, rendendo facili da comprendere questioni politiche complesse. I suoi discorsi sono appassionati e sinceri, in risonanza con persone di ogni ceto sociale. Che parli ad un comizio o in Parlamento, l'onestà e la convinzione di Giorgia emergono. Non discute solo di politiche; condividere storie ed esperienze personali che evidenziano perché questi problemi sono importanti. Questo approccio la rende riconoscibile e degna di fiducia per molti italiani.

Anche un messaggio chiaro e coerente ha giocato un ruolo cruciale Giorgia's salita. Si concentrò su questioni che contavano profondamente per molti italiani: sovranità nazionale, valori tradizionali, riforma economica e sicurezza. Aderendo a questi principi fondamentali, Giorgia ha fornito un senso di stabilità e affidabilità durante i periodi di incertezza politica. La gente sapeva cosa rappresentava e la sua posizione incrollabile su questi temi ha contribuito a costruire un seguito fedele.

Anche l'uso dei social media e dei moderni strumenti di comunicazione da parte di Giorgia ha contribuito al suo crescente sostegno. Ha utilizzato in modo efficace piattaforme come Facebook, Twitter e Instagram per raggiungere un pubblico più ampio, in particolare gli elettori più giovani. Attraverso i social media, poteva condividere il suo messaggio direttamente con le persone, aggirando i canali mediatici tradizionali che potrebbero non sempre rappresentare accuratamente le sue opinioni. Questa comunicazione diretta l'ha aiutata a costruire una comunità online forte e impegnata che l'ha supportata attivamente e ha diffuso il suo messaggio.

La fondazione del partito politico Fratelli d'Italia è stata un'altra pietra miliare significativa. Questo nuovo partito ha fornito a Giorgia una nuova piattaforma per promuovere la sua visione. Le ha permesso di plasmare le politiche e la direzione del partito, assicurandosi che fossero in linea con le sue convinzioni e i bisogni del popolo italiano. La creazione di Brothers of Italy è stata una mossa coraggiosa che ha messo in mostra la sua leadership e la sua dedizione alla creazione di un vero cambiamento. La crescita del partito e il successo nelle elezioni successive sono stati chiari indicatori del crescente sostegno del pubblico alla visione di Giorgia.

Anche l'attenzione di Giorgia nell'affrontare le preoccupazioni degli italiani comuni ha svolto un ruolo cruciale nel guadagnare slancio. Ha spinto per politiche che abbiano avuto un impatto diretto sulla vita delle persone, come tagli fiscali per le famiglie, sostegno alle piccole imprese e migliori opportunità di istruzione e lavoro per i giovani. Concentrandosi su soluzioni pratiche ai problemi quotidiani, Giorgia ha dimostrato di comprendere e di preoccuparsi delle lotte dei comuni cittadini.

Uno degli incrementi più significativi al sostegno pubblico di Giorgia è venuto dalla sua posizione sull'immigrazione. Ha preso una posizione ferma sul controllo dell'immigrazione, sostenendo che fosse necessario per la sicurezza e il benessere dei cittadini italiani. Questa posizione ha trovato risonanza in molte persone preoccupate per l'impatto dell'immigrazione incontrollata sulle loro comunità. La sua forte posizione su questo tema le è valsa sia sostegno che critiche, ma senza dubbio ha innalzato il suo profilo e l'ha affermata come un leader decisivo.

L'ascesa di Giorgia Meloni che ha guadagnato slancio e sostegno pubblico è stata dovuta alla sua dedizione al collegamento con le persone, alla comunicazione efficace, alla messaggistica chiara e coerente e all'uso strategico di strumenti moderni. Rimanendo fedele ai suoi principi e concentrandosi sui bisogni degli italiani comuni, Giorgia si è costruita un seguito forte e leale. Il suo viaggio è un potente esempio di come una vera leadership e un profondo legame con le persone possano portare a un significativo successo politico.

Capitolo 6

Governare l'Italia

In questo capitolo, approfondiamo il periodo di Giorgia Meloni come Primo Ministro italiano. Governare un Paese non è un compito facile e Giorgia ha dovuto affrontare molte sfide e prendere decisioni cruciali che hanno plasmato il futuro dell'Italia. Esploreremo il suo stile di leadership, le politiche che ha implementato e il modo in cui ha gestito le pressioni derivanti dalla guida di una nazione. Questo capitolo offre uno sguardo più attento ai trionfi e alle prove di

Giorgia's tempo in carica, sottolineando il suo impegno nel rendere l'Italia un posto migliore per tutti i suoi cittadini.

6.1 Principali politiche e riforme

Il periodo di Giorgia Meloni come Primo Ministro italiano è stato caratterizzato da diverse importanti politiche e riforme volte ad affrontare le questioni più urgenti del Paese. La sua leadership è stata caratterizzata da un forte impegno a favore della sovranità nazionale, della rivitalizzazione economica, del benessere sociale e della sicurezza.

Uno di Giorgia's Il focus principale era sulla sovranità nazionale. Credeva che l'Italia dovesse avere un maggiore controllo sui propri affari, in particolare in relazione all'Unione Europea. A tal fine, ha sostenuto politiche che riducono la dipendenza dell'Italia dalle normative e dai finanziamenti dell'UE. Giorgia ha spinto per una maggiore autonomia nel processo decisionale, con l'obiettivo di dare agli italiani una voce più forte nel modo in cui il loro paese è governato. Ciò includeva la negoziazione di condizioni più favorevoli all'interno dell'UE e la garanzia che gli interessi dell'Italia fossero prioritari in eventuali accordi o trattati.

La riforma economica era un altro pilastro importante dell'agenda di Giorgia. L'Italia era alle prese con una crescita economica lenta e un'elevata disoccupazione, in particolare tra i giovani. Giorgia ha introdotto una serie di misure per stimolare l'economia, creare posti di lavoro e sostenere le imprese. Una delle sue riforme più importanti è stata la riduzione della burocrazia. Ha semplificato i processi per l'avvio e la gestione delle imprese, rendendo più semplice per gli imprenditori navigare nel sistema. Questa riforma mirava a promuovere un ambiente più favorevole alle imprese, incoraggiando gli investimenti e l'innovazione.

Oltre a ridurre la burocrazia, Giorgia ha anche attuato tagli fiscali per rilanciare l'attività economica. Credeva che la riduzione delle tasse avrebbe aumentato il reddito disponibile per le famiglie e le imprese, stimolando così la spesa e gli investimenti. Questi tagli fiscali sono stati pensati per avvantaggiare sia i privati che le aziende, in particolare le piccole e medie imprese, che rappresentano la spina dorsale dell'economia italiana. Mettendo più soldi nelle tasche delle persone e riducendo l'onere finanziario sulle imprese, Giorgia sperava di stimolare la crescita economica e la creazione di posti di lavoro.

Il welfare sociale era un'altra area critica su cui Giorgia si concentrava.

Ha introdotto diverse politiche volte a sostenere le famiglie, migliorare l'istruzione e potenziare l'assistenza sanitaria. Una delle sue iniziative significative è stata quella di aumentare il sostegno alle famiglie con bambini. Ciò includeva la fornitura di assistenza finanziaria, il miglioramento dei servizi di assistenza all'infanzia e l'estensione del congedo di maternità e paternità. Giorgia credeva che famiglie forti fossero essenziali per una società sana e che il sostegno ai genitori fosse fondamentale per il benessere delle generazioni future.

Anche la riforma dell'istruzione era in cima all'agenda di Giorgia. Il suo obiettivo era modernizzare il sistema educativo per preparare meglio i giovani italiani al mercato del lavoro. Ciò includeva investimenti in programmi di formazione professionale e aggiornamento dei programmi scolastici per allineare maggiormente alle esigenze del settore. Giorgia credeva che l'istruzione dovesse fornire agli studenti le competenze e le conoscenze necessarie per avere successo in un mondo in rapido cambiamento. Concentrandosi su un'istruzione pratica e pertinente, sperava di ridurre la disoccupazione giovanile e creare una forza lavoro più dinamica.

La riforma sanitaria è stata un altro importante ambito politico. Giorgia ha cercato di migliorare la qualità e l'accessibilità dei servizi sanitari in tutta Italia. Ciò ha comportato l'aumento dei finanziamenti per gli ospedali, il miglioramento della formazione medica e la garanzia che le risorse sanitarie fossero distribuite in modo più uniforme in tutto il paese. Il suo obiettivo era ridurre le disparità nell'accesso e nei risultati dell'assistenza sanitaria, garantendo che tutti gli italiani potessero ricevere le cure di cui avevano bisogno, indipendentemente da dove vivevano.

Anche la sicurezza e le forze dell'ordine erano priorità fondamentali per Giorgia. Ha introdotto misure per rafforzare le forze di polizia, combattere la criminalità organizzata e migliorare la sicurezza pubblica. Ciò includeva l'aumento dei finanziamenti per le forze dell'ordine, il miglioramento della formazione degli agenti e l'attuazione di sanzioni più severe per le attività criminali. Giorgia credeva che un ambiente sicuro e protetto fosse essenziale per il benessere dei cittadini e la stabilità del Paese.

Uno di Giorgia's La politica di sicurezza più notevole è stata la sua ferma posizione sull'immigrazione. Ha sostenuto controlli e politiche alle frontiere più severi per gestire l'immigrazione in modo più efficace. Giorgia sostiene che l'immigrazione incontrollata comporta rischi per la sicurezza nazionale e la coesione sociale. Le sue politiche miravano a garantire che l'immigrazione fosse ordinata e vantaggiosa per l'Italia, fornendo allo stesso tempo sostegno ai rifugiati e ai richiedenti asilo in modo umano e rispettoso.

Le principali politiche e riforme di Giorgia Meloni durante il suo periodo come Primo Ministro italiano si sono concentrate sul rafforzamento della sovranità nazionale, sul rilancio dell'economia, sul sostegno al benessere sociale, sul miglioramento dell'istruzione e dell'assistenza sanitaria e sul rafforzamento della sicurezza. La sua leadership è stata caratterizzata da una visione chiara e dalla determinazione ad affrontare le sfide che l'Italia deve affrontare. Attraverso i suoi sforzi, Giorgia mirava a creare un futuro più forte, più prospero e più sicuro per tutti gli italiani.

6.2 Sfide nazionali e internazionali

Il periodo di Giorgia Meloni come Primo Ministro italiano è stato pieno di difficili sfide nazionali e internazionali. Ha dovuto gestire questi problemi con una forte leadership e una chiara comprensione del posto dell'Italia nel mondo.

Uno dei maggiori problemi in patria era l'economia in difficoltà dell'Italia. Il paese aveva a che fare con una crescita lenta, un'elevata disoccupazione e molto debito. La pandemia di COVID-19 ha peggiorato le cose, danneggiando imprese e posti di lavoro. Per risolvere questo problema, Giorgia ha introdotto diverse riforme economiche. Ha ridotto la burocrazia per aiutare le imprese a operare più facilmente, ha abbassato le tasse per dare alle famiglie e alle imprese più soldi da spendere e ha sostenuto le piccole e medie imprese. Queste azioni miravano a rilanciare l'economia e a creare più posti di lavoro, soprattutto per i giovani che avevano difficoltà a trovare lavoro.

Un altro grande problema in Italia è stato l'invecchiamento della popolazione. Come molti paesi europei, l'Italia ha un basso tasso di natalità e un maggior numero di anziani. Questo è stato un problema per i sistemi pensionistici e sanitari. Giorgia si è concentrata sulle politiche familiari per affrontare questo problema. Ha fornito maggiore sostegno finanziario alle famiglie con bambini, migliori servizi di assistenza all'infanzia e un congedo parentale prolungato. Rendendo più facile per le famiglie avere e crescere figli, Giorgia sperava di affrontare il declino demografico e mantenere sostenibili i programmi di assistenza sociale.

Anche la sanità era un settore critico. La pandemia ha evidenziato le debolezze del sistema sanitario italiano, evidenziando la necessità di cambiamenti. Giorgia ha lavorato per migliorare la qualità e l'accesso ai servizi sanitari. Ha aumentato i finanziamenti per gli ospedali, si è assicurata che le risorse sanitarie fossero meglio distribuite e ha migliorato i programmi di formazione medica. Il suo obiettivo era creare un sistema sanitario più forte che potesse offrire cure di alta qualità a tutti gli italiani.

Sul fronte internazionale Giorgia ha dovuto affrontare diverse sfide importanti. Una questione urgente era il rapporto dell'Italia con l'Unione Europea. Giorgia, che sosteneva fortemente la sovranità nazionale, spesso non era d'accordo con le politiche e le regole dell'UE. Ritiene che l'Italia dovrebbe avere un maggiore controllo sulle proprie decisioni e che l'UE non dovrebbe imporre troppe restrizioni agli Stati membri. Ciò ha portato a numerose negoziazioni con i leader dell'UE per proteggere gli interessi dell'Italia. Giorgia mirava a bilanciare i vantaggi dell'adesione all'UE con il mantenimento dell'indipendenza dell'Italia.

L'immigrazione è stata un'altra grande questione internazionale. L'Italia, essendo un punto di ingresso chiave per i migranti che attraversano il

Mediterraneo, si trova ad affrontare un flusso costante di immigrati e rifugiati. Ciò ha messo sotto pressione le risorse dell'Italia e ha creato tensioni sociali e politiche. Giorgia ha spinto per controlli più severi alle frontiere e una migliore gestione dell'immigrazione. Ha lavorato per proteggere i confini dell'Italia e ha cercato maggiore aiuto da parte dell'UE nella gestione della crisi dei migranti. Giorgia credeva che l'immigrazione dovesse essere ordinata e vantaggiosa per il Paese, garantendo sicurezza e armonia sociale nel rispetto dei diritti dei rifugiati e dei richiedenti asilo.

Anche la sicurezza globale e le relazioni internazionali hanno comportato sfide. Giorgia ha dovuto affrontare il ruolo dell'Italia all'interno della NATO e le sue relazioni con le maggiori potenze come Stati Uniti, Cina e Russia. Ciò richiede un'attenta diplomazia. Mirava a rafforzare i partenariati strategici dell'Italia proteggendo al tempo stesso la sovranità del Paese e gli interessi nazionali. Giorgia si è concentrata particolarmente sulle minacce alla sicurezza come il terrorismo e gli attacchi informatici, lavorando per migliorare le capacità di difesa dell'Italia e la cooperazione internazionale per affrontare questi pericoli.

Il cambiamento climatico e le questioni ambientali rappresentano sfide globali con impatti significativi a livello nazionale. L'Italia, con la sua ricca bellezza naturale, era particolarmente vulnerabile ai cambiamenti climatici. Giorgia ha implementato politiche per affrontare le preoccupazioni ambientali, concentrandosi sullo sviluppo sostenibile e sull'energia verde. Credeva che la protezione dell'ambiente fosse cruciale per il futuro dell'Italia e un'area in cui l'Italia potesse essere leader a livello globale.

La leadership di Giorgia Meloni ha dovuto affrontare molte sfide nazionali e internazionali. I suoi sforzi per affrontare i problemi economici, le questioni demografiche, la riforma sanitaria e la sua ferma posizione sulla sovranità nazionale, sull'immigrazione e sulle relazioni internazionali hanno mostrato la sua forza e il suo pensiero strategico. Il periodo di Giorgia come Primo Ministro è stato segnato dalla sua dedizione nell'affrontare queste complesse questioni per garantire un futuro stabile e prospero all'Italia. Il suo approccio alle sfide nazionali e internazionali ha dimostrato il suo impegno al servizio del popolo italiano e alla protezione degli interessi del Paese in un mondo in rapido cambiamento.

Capitolo 7

Controversie e critiche

In questo capitolo approfondiamo le polemiche e le critiche che Giorgia Meloni ha dovuto affrontare nel corso della sua carriera politica. Nessun leader è privo di detrattori e le forti prese di posizione di Giorgia su varie questioni hanno suscitato dibattito e opposizione. Vedremo i momenti chiave in cui le sue decisioni sono state messe in discussione, le controversie che sono sorte e il modo in cui ha risposto alle critiche. Comprendere questi aspetti fornisce un quadro più completo della sua leadership e delle sfide che ha affrontato mentre cercava di guidare l'Italia.

7.1 Navigare negli scandali politici

Destreggiarsi tra gli scandali politici non è mai facile, e Giorgia Meloni ha affrontato la sua giusta dose durante la sua permanenza in politica. Nonostante queste sfide, è riuscita a mantenere la sua concentrazione e a continuare il suo lavoro per l'Italia.

Giorgia Meloni è nota per le sue opinioni forti e la sua posizione ferma su molte questioni. Ciò ha spesso portato a scontri con gli oppositori e i media. Uno dei primi scandali che ha dovuto affrontare riguardava accuse di cattiva condotta finanziaria all'interno del suo partito. Sebbene non fosse coinvolta personalmente, lo scandalo ha offuscato l'immagine del partito. Giorgia ha agito rapidamente per affrontare il problema. Ha avviato un'indagine interna per scoprire cosa è andato storto e ha ritenuto responsabili i responsabili. Agendo con decisione, ha dimostrato il suo impegno verso la trasparenza e l'integrità.

Un altro scandalo è nato dalla sua ferma posizione sull'immigrazione. Giorgia's le politiche sull'inasprimento dei controlli alle frontiere e sulla riduzione del numero di migranti che entrano in Italia hanno suscitato accesi dibattiti. I critici l'hanno accusata di essere troppo dura e priva di compassione. Per tutta risposta Giorgia ha spiegato chiaramente la sua posizione, sottolineando la necessità di sicurezza e ordine. Ha sostenuto che l'immigrazione incontrollata potrebbe portare a problemi sociali ed economici. Per affrontare le preoccupazioni sulle questioni umanitarie, ha proposto misure per sostenere i rifugiati e i richiedenti asilo in modo più efficace, garantendo che siano trattati con dignità e rispetto.

Anche Giorgia è stata criticata per i suoi commenti sulla sovranità nazionale. Ha parlato spesso di ridurre la dipendenza dell'Italia dall'Unione Europea, cosa che ha infastidito alcuni politici e cittadini pro-UE. Temevano che il suo approccio potesse isolare l'Italia e danneggiare le sue relazioni con gli altri paesi dell'UE. Giorgia ha risposto chiarendo di non essere contraria all'Ue ma di volere un rapporto più equilibrato. Credeva che l'Italia dovesse avere un maggiore controllo sulle proprie politiche pur continuando a beneficiare dell'adesione all'UE. Impegnandosi in un dialogo aperto con i critici, mirava a trovare un terreno comune e alleviare le loro preoccupazioni.

Uno degli scandali più personali riguardava accuse sulla sua vita privata. I media hanno speculato sulle sue relazioni e sulle sue scelte personali, spesso dipingendola in una luce negativa. Giorgia ha gestito questi attacchi con grazia. Ha scelto di concentrarsi sul suo lavoro e ha rifiutato di lasciare che gli scandali personali la distrasse dai suoi obiettivi. Mantenendo un comportamento professionale e rimanendo impegnata nei suoi doveri, ha dimostrato resilienza e dedizione al suo ruolo di leader.

Durante il suo mandato come Primo Ministro, Giorgia ha dovuto affrontare anche gli scandali che hanno coinvolto membri del suo gabinetto. Uno di questi casi ha coinvolto un alto funzionario accusato di corruzione. Questo scandalo ha minacciato di minare la fiducia del pubblico nel suo governo. Giorgia ha agito tempestivamente, chiedendo le dimissioni del funzionario e collaborando pienamente con le autorità che indagano sulla vicenda. Agendo in modo immediato e deciso, mirava a preservare l'integrità della sua amministrazione e a rassicurare l'opinione pubblica che la corruzione non sarebbe stata tollerata.

Durante questi scandali, Giorgia ha fatto affidamento su una comunicazione chiara e trasparenza. Credeva che essere aperti e onesti con il pubblico fosse fondamentale per mantenere la fiducia. Ogni volta che scoppiava uno scandalo, se ne occupava direttamente, fornendo spiegazioni e delineando le misure da adottare per risolvere il problema. Questo approccio ha contribuito a creare un senso di responsabilità e trasparenza, che è stato essenziale per mantenere il sostegno pubblico.

Anche Giorgia ha capito l'importanza di imparare da queste esperienze.

Ogni scandalo ha fornito preziose lezioni su cosa era necessario cambiare e su come migliorare la sua leadership. Ha implementato una supervisione più rigorosa all'interno del suo partito e del suo governo per prevenire futuri comportamenti scorretti. Imparando dagli errori del passato, mirava a costruire una squadra politica più forte e più resiliente.

La capacità di Giorgia Meloni di affrontare gli scandali politici ha dimostrato la sua resilienza e il suo impegno per l'integrità. Nonostante abbia dovuto affrontare numerose sfide, è rimasta concentrata sui suoi obiettivi e ha gestito ogni situazione con trasparenza e risolutezza. Il suo approccio alla gestione degli scandali ha enfatizzato la responsabilità e l'apprendimento dagli errori, cosa che l'ha aiutata a mantenere la fiducia del pubblico e a continuare il suo lavoro per l'Italia. Le esperienze di Giorgia evidenziano l'importanza di una leadership forte e della capacità di superare le avversità nel complesso mondo della politica.

7.2 Affrontare l'opposizione

Giorgia Meloni ha dovuto affrontare molte opposizioni nel corso della sua carriera politica. Gestire questa opposizione richiede non solo abilità ma anche una buona comprensione delle preoccupazioni dei suoi critici.

Le forti opinioni di Giorgia la mettono spesso in contrasto con altri leader politici e partiti. Il primo passo che ha compiuto per affrontare l'opposizione è stato ascoltare. Ha fatto uno sforzo per comprendere le preoccupazioni e le critiche dei suoi avversari, cosa che le ha permesso di rispondere meglio.

Teneva spesso riunioni e si impegnava in discussioni aperte con coloro che non erano d'accordo con lei. In questo modo, Giorgia ha potuto spiegare chiaramente i suoi punti di vista e le sue politiche e comprendere le prospettive degli altri.

Una grande area di opposizione proveniva dalla sua posizione sull'immigrazione. Giorgia voleva controlli più severi alle frontiere e meno migranti che entravano in Italia. Molte persone pensavano che le sue politiche fossero troppo dure e non umane. Per affrontare questo problema, Giorgia ha sottolineato l'importanza della sicurezza nazionale e di un'immigrazione ordinata. Ha sostenuto che l'immigrazione incontrollata potrebbe causare problemi economici e sociali. Ha inoltre proposto modalità per sostenere umanamente i rifugiati e i richiedenti asilo mantenendo al contempo sicuri i confini.

Un'altra importante fonte di opposizione erano le sue opinioni sulla sovranità nazionale e sull'Unione europea. Giorgia credeva che l'Italia dovesse avere più controllo sulle proprie politiche ed essere meno dipendente dall'UE. Ciò preoccupava molti politici e cittadini pro-UE che ritenevano che l'allontanamento dall'UE potesse danneggiare le relazioni e l'economia dell'Italia. Giorgia ha affrontato queste preoccupazioni chiarendo che non è contraria all'UE ma desidera un rapporto più equilibrato. Voleva che l'Italia traesse beneficio dall'adesione all'UE mentre prendeva le proprie decisioni. Attraverso negoziati e discussioni, ha lavorato per trovare un terreno comune e alleviare i timori sulle sue politiche.

Giorgia ha dovuto affrontare anche l'opposizione all'interno del suo stesso partito e governo. Alcuni membri non erano d'accordo con il suo approccio e le sue politiche. Per affrontare questo problema, ha incoraggiato una comunicazione aperta all'interno del suo partito. Voleva che i membri esprimessero le loro preoccupazioni e prendessero parte al processo decisionale. Coinvolgendo il suo team nelle discussioni politiche, ha creato un senso di unità e responsabilità condivisa. Ciò ha contribuito a ridurre l'opposizione interna e ha rafforzato la sua leadership nel partito.

La critica pubblica è stata un'altra sfida. I media e i personaggi pubblici hanno spesso esaminato attentamente le azioni e le dichiarazioni di Giorgia. Ha affrontato questo problema mantenendo la trasparenza e una comunicazione chiara. Ogni volta che c'erano critiche pubbliche, rispondeva direttamente, spiegando le sue decisioni e il motivo per cui le aveva prese. Giorgia credeva che essere aperti e onesti con il pubblico fosse fondamentale per mantenere la fiducia. Il suo stile di comunicazione diretto ha contribuito a costruire una connessione con il pubblico e ad affrontare le loro preoccupazioni in modo efficace.

Anche Giorgia conosceva l'importanza del compromesso. Pur rimanendo ferma sulle sue convinzioni fondamentali, era disposta a fare concessioni su questioni meno critiche per ottenere un sostegno più ampio. Questa capacità di scendere a compromessi senza rinunciare ai suoi principi le ha permesso di costruire coalizioni e lavorare con diversi gruppi politici. Trovando una via di mezzo, Giorgia potrebbe affrontare l'opposizione in modo più efficace e raggiungere i suoi obiettivi politici.

Inoltre, Giorgia è stata proattiva nell'affrontare potenziali fonti di opposizione prima che diventassero questioni importanti. Si è impegnata regolarmente con leader della comunità, gruppi di interesse e altre parti interessate per discutere le loro preoccupazioni e trovare soluzioni. Affrontando i problemi nella fase iniziale, potrebbe evitare che diventino importanti punti di conflitto. Questo approccio proattivo ha contribuito a costruire una rete di sostegno e a ridurre l'intensità dell'opposizione.

L'approccio di Giorgia Meloni nell'affrontare l'opposizione è stato strategico e sfaccettato. Ha ascoltato i suoi critici, si è impegnata in un dialogo aperto e ha mantenuto una comunicazione chiara. Promuovendo un ambiente di trasparenza e compromesso, è riuscita ad affrontare in modo efficace sia l'opposizione interna che quella esterna. La capacità di Giorgia di affrontare queste sfide ha dimostrato la sua resilienza e il suo impegno verso i suoi obiettivi. Il suo stile di leadership enfatizza l'importanza della comprensione, della comunicazione e del compromesso strategico, che erano cruciali nella gestione dell'opposizione e nel successo della sua carriera politica.

Capitolo 8

Eredità e prospettive future

In questo capitolo esploreremo l'impatto duraturo di Giorgia Meloni sulla politica e sulla società italiana. Esamineremo i principali risultati e riforme da lei implementate e il modo in cui hanno plasmato il futuro dell'Italia. Considereremo anche i suoi potenziali ruoli futuri e la sua influenza, sia in Italia che sulla scena globale. Comprendere l'eredità di Giorgia ci aiuta ad apprezzare i suoi contributi e a speculare su ciò che ci aspetta per lei e per l'Italia sotto la sua continua guida o influenza.

8.1 Impatto sulla politica italiana

L'impatto di Giorgia Meloni sulla politica italiana è stato significativo e di vasta portata. Il suo percorso da giovane attivista politica a prima donna Primo Ministro italiano segna un cambiamento importante nel panorama politico del Paese.

Uno degli impatti più notevoli che Giorgia ha avuto è stato quello di portare una nuova prospettiva sulla scena politica italiana. La sua ascesa al potere ha rotto la tradizionale struttura politica dominata dagli uomini. Come prima donna Primo Ministro, è diventata un simbolo di cambiamento ed emancipazione per molte donne in Italia. La sua leadership ha dimostrato che le donne potevano ricoprire le più alte cariche politiche e prendere decisioni cruciali per il Paese.

L'approccio di Giorgia alla politica è stato caratterizzato da una forte enfasi sulla sovranità nazionale. Ha spesso sottolineato l'importanza che l'Italia prenda le proprie decisioni senza eccessive interferenze da parte di organismi esterni come l'Unione Europea. Questa posizione ha avuto risonanza tra molti italiani che ritenevano che il Paese avesse perso parte della sua indipendenza. Sostenendo un rapporto equilibrato con l'UE, mirava a garantire che l'Italia potesse trarre vantaggio dall'adesione mantenendo il controllo sulle sue politiche chiave.

Anche le sue politiche economiche hanno avuto un impatto significativo. Giorgia si è concentrata sulla riduzione della burocrazia e sulla semplificazione del funzionamento delle imprese. Ha attuato tagli fiscali e fornito sostegno alle piccole e medie imprese, che sono la spina dorsale dell'economia italiana. Queste misure mirano a stimolare la crescita economica e a creare maggiori opportunità di lavoro, soprattutto per i giovani che lottano per trovare lavoro.

Giorgia ha posto un forte accento anche sulle politiche familiari. Ha riconosciuto le sfide poste dall'invecchiamento della popolazione italiana e dal basso tasso di natalità. Per affrontare questi problemi, ha introdotto politiche che fornivano sostegno finanziario alle famiglie, migliori servizi di assistenza all'infanzia e congedo parentale esteso. Queste iniziative sono state progettate per rendere più facile per le famiglie avere e crescere figli, contribuendo così ad affrontare le sfide demografiche che il Paese deve affrontare.

Sul fronte sociale, Giorgia's La posizione sull'immigrazione è stata controversa e di grande impatto. Ha sostenuto controlli alle frontiere più severi e un processo di immigrazione più ordinato. Sebbene questo approccio abbia suscitato critiche da alcuni ambienti, ha avuto risonanza anche tra molti italiani preoccupati per gli impatti economici e sociali dell'immigrazione incontrollata. Puntando sulla sicurezza e sull'ordine, Giorgia mirava a creare una società più stabile e coesa.

L'impatto di Giorgia si è fatto sentire anche nel campo della sanità. La pandemia di Covid-19 ha messo in luce le debolezze del sistema sanitario italiano. In risposta, Giorgia ha lavorato per migliorare la qualità e l'accessibilità dei servizi sanitari. Ha aumentato i finanziamenti per gli ospedali, ha assicurato una migliore distribuzione delle risorse sanitarie e ha migliorato i programmi di formazione medica. Questi sforzi miravano a costruire un sistema sanitario più forte in grado di fornire cure di alta qualità a tutti gli italiani.

La sua influenza si estese anche alle relazioni internazionali. Giorgia ha esplorato il ruolo dell'Italia all'interno della NATO e le sue relazioni con le maggiori potenze come Stati Uniti, Cina e Russia. Mirava a rafforzare i partenariati strategici dell'Italia proteggendo al tempo stesso la sovranità del Paese e gli interessi nazionali. La sua attenzione alla sicurezza e alla difesa è stata fondamentale per affrontare le minacce globali come il terrorismo e gli attacchi informatici.

L'impatto di Giorgia Meloni sulla politica italiana è stato profondo. La sua leadership ha portato nuove prospettive, ha sfidato le strutture tradizionali e ha affrontato questioni economiche, sociali e internazionali chiave. Concentrandosi sulla sovranità nazionale, sulla crescita economica, sulle politiche familiari e sull'assistenza sanitaria, ha lavorato per costruire un'Italia più forte e resiliente. Il suo percorso da attivista politica a Primo Ministro segna un capitolo significativo nella storia dell'Italia, dimostrando la sua dedizione nel fare una differenza positiva nel futuro del Paese.

8.2 Potenziali direzioni future

Guardando al futuro, Giorgia Meloni ha diverse possibili direzioni che potrebbe prendere nella sua carriera politica, che potrebbero influenzare notevolmente sia l'Italia che il mondo. In quanto leader di spicco, le sue decisioni giocheranno probabilmente un ruolo chiave nel definire il percorso futuro dell'Italia.

Un'area importante su cui Giorgia potrebbe concentrarsi è l'economia. Durante il suo mandato, ha lavorato per semplificare le cose per le imprese, tagliare le tasse e sostenere le piccole imprese. In futuro, potrebbe continuare questi sforzi affrontando sfide economiche più grandi come l'elevato debito pubblico dell'Italia e trovando modi per creare più posti di lavoro. Potrebbe anche promuovere l'innovazione e sostenere le nuove imprese per rendere l'economia italiana più competitiva. Un altro compito importante potrebbe essere quello di affrontare il problema della disoccupazione giovanile creando programmi che aiutino i giovani a trovare un buon lavoro.

Giorgia potrebbe mettere più enfasi anche sui temi sociali. Ha già mostrato interesse nel sostenere le famiglie e, in futuro, potrebbe introdurre ulteriori politiche per aiutare con l'invecchiamento della popolazione italiana e il basso tasso di natalità. Ciò potrebbe comportare un aumento del sostegno finanziario alle famiglie, il miglioramento dell'assistenza all'infanzia e l'aiuto ai genitori conciliando lavoro e vita familiare. Tali politiche potrebbero aiutare ad affrontare le sfide demografiche che l'Italia si trova ad affrontare e rendere più facile per le famiglie crescere e prosperare.

Nell'affrontare l'immigrazione, la Meloni potrebbe affinare ulteriormente le sue politiche. Ha spinto per controlli più severi e una migliore gestione di chi entra in Italia. Andando avanti, potrebbe sviluppare un approccio più equilibrato che combini sicurezza e compassione. Ciò potrebbe significare migliorare i programmi che aiutano gli immigrati e i rifugiati a integrarsi nella società, affrontando al tempo stesso le preoccupazioni relative alla sicurezza e alla stabilità sociale.

Sulla scena globale, Giorgia potrebbe lavorare sulle relazioni dell'Italia con l'Unione Europea e altri partner internazionali. Ha spesso parlato della necessità che l'Italia prenda le proprie decisioni senza troppe interferenze da parte dell'UE. Potrebbe continuare a sostenere cambiamenti all'interno dell'UE a vantaggio dell'Italia, pur continuando a lavorare insieme su obiettivi condivisi come la stabilità economica e la sicurezza. La Meloni potrebbe anche rafforzare i legami dell'Italia con altri paesi, rafforzando il suo ruolo nel commercio e nella diplomazia internazionali.

Le questioni ambientali e il cambiamento climatico saranno

probabilmente importanti anche per i piani futuri della Meloni. L'Italia si trova ad affrontare sfide significative legate all'ambiente e potrebbe concentrarsi su politiche che promuovano lo sviluppo sostenibile e le tecnologie verdi. Bilanciando la crescita economica con la tutela dell'ambiente, potrebbe aiutare l'Italia a guidare la lotta contro il cambiamento climatico.

Il futuro della Meloni potrebbe comportare il consolidamento della sua leadership e l'espansione della sua influenza. Potrebbe lavorare per rafforzare la posizione del suo partito e costruire alleanze con altri gruppi politici. Coinvolgere le varie parti interessate e affrontare interessi diversi potrebbe aiutarla a raggiungere i suoi obiettivi e promuovere un ambiente politico più cooperativo.

Le potenziali direzioni future di Giorgia Meloni coprono una serie di aree importanti. Dall'avanzamento delle riforme economiche e sociali al perfezionamento delle politiche di immigrazione e al rafforzamento delle relazioni internazionali, le sue scelte daranno forma al futuro dell'Italia. La sua attenzione alla sostenibilità e alla leadership efficace sarà cruciale anche per affrontare le sfide nazionali e globali. Mentre affronta queste questioni complesse, le sue azioni continueranno ad avere un impatto sull'Italia e forse sul resto del mondo.

Conclusione

Concludendo la nostra esplorazione dello straordinario viaggio di Giorgia Meloni, è importante fare un passo indietro e riflettere sul percorso che ha percorso. La sua storia è fatta di determinazione, resilienza e cambiamento significativo e risuona profondamente con chiunque abbia mai affrontato sfide e abbia cercato di fare la differenza.

Giorgia's Il viaggio è iniziato nella vivace città di Roma, dove i suoi primi anni di vita sono stati plasmati da una miscela di lotte e sogni. Fin da piccola ha mostrato una forte determinazione nel far sentire la sua voce. Le sue esperienze infantili e le dinamiche familiari le hanno instillato un forte senso di scopo e una fiducia incrollabile nelle proprie capacità. Questi primi anni gettarono le basi per un futuro che l'avrebbe vista rompere le barriere e sfidare le norme.

Come un adolescente, Giorgia's il risveglio politico è stato segnato da una spinta appassionata a cambiare il mondo intorno a lei. È stata coinvolta nei movimenti giovanili, dove il suo attivismo e la sua energia la distinguono. Queste esperienze formative non riguardavano solo l'acquisizione di conoscenze politiche, ma anche la comprensione del potere della comunità e dell'importanza di difendere ciò in cui si crede. Il suo impegno verso questi ideali sarebbe diventato una caratteristica distintiva della sua carriera.

Il suo ingresso in politica non è stato facile. Giorgia ha dovuto affrontare numerosi ostacoli e critiche, ma la sua perseveranza e la sua incrollabile dedizione l'hanno aiutata a scalare i ranghi. Ha navigato nelle complessità della politica italiana con un mix di audacia e pensiero strategico. Il suo stile di leadership, caratterizzato da un focus sulla sovranità nazionale e sulle riforme economiche, le è valso sia sostenitori che detrattori. Eppure, nonostante tutto, è rimasta fedele alla sua visione e ai suoi principi.

Fondare il partito Fratelli d'Italia è stato un passo coraggioso che rifletteva le sue convinzioni e aspirazioni profondamente radicate per il Paese. Non si trattava solo di creare un'entità politica, ma di costruire una piattaforma che fosse in risonanza con molti italiani che sentivano che le loro voci non venivano ascoltate. I suoi sforzi per plasmare il partito e guidare l'agenda hanno evidenziato la sua capacità di guidare e ispirare.

Come prima donna Primo Ministro d'Italia, Giorgia Meloni ha infranto una barriera storica, diventando un simbolo di emancipazione e cambiamento. Il suo mandato è stato segnato da risultati e riforme significativi, nonché da sfide e controversie. Le sue politiche sull'immigrazione, la riforma economica e le questioni sociali riflettono il suo impegno nell'affrontare le preoccupazioni più urgenti dell'Italia mentre naviga nelle complessità della politica globale.

Il suo impatto sulla politica italiana è stato profondo. La leadership di Giorgia ha introdotto nuove prospettive e portato cambiamenti significativi. Ha affrontato l'opposizione con coraggio e ha mostrato una notevole capacità di affrontare sia le sfide nazionali che quelle internazionali. La sua eredità non riguarda solo i suoi successi politici, ma i modi in cui ha ispirato altri a impegnarsi nel processo politico e a lottare per un cambiamento positivo.

Guardando al futuro, il viaggio di Giorgia Meloni è tutt'altro che finito. Le sue potenziali direzioni nella riforma economica, nella politica sociale e nelle relazioni internazionali offrono interessanti possibilità per l'Italia e oltre. La sua capacità di adattarsi ed evolversi sarà fondamentale mentre continua ad affrontare le sfide e le opportunità che le attendono.

Riflettendo sul viaggio di Giorgia Meloni, ci viene ricordato il potere della determinazione e l'impatto che un individuo può avere su una nazione. La sua storia testimonia l'importanza di seguire le proprie convinzioni, superare gli ostacoli e sforzarsi di fare la differenza. Mentre salutiamo questo capitolo del suo viaggio, restiamo con un senso di ammirazione per i suoi risultati e di anticipazione per il futuro che continuerà a plasmare.

In conclusione, il viaggio di Giorgia Meloni è un potente racconto di ambizione, resilienza e leadership. Serve come ispirazione per molti, ricordandoci che anche di fronte alle avversità, il perseguimento dei propri obiettivi può portare a risultati notevoli e ad un impatto duraturo.